2.-9(?)
W3
④

Julia Rateike

Deine MUDDER liest dies Buch

Die coolsten Sprüche

Eulenspiegel

Illustrationen: Guido Schröter
Konzept, Interviews, Fragebögen: Mike Glindmeier

ISBN 978-3-359-02328-9

© 2011 Eulenspiegel Verlag, Berlin

Umschlag: Verlag, unter Verwendung zweier Motive von Guido Schröter
Druck und Bindung: CPI Moravia Books GmbH

Ein Verlagsverzeichnis schicken wir Ihnen gern:
Eulenspiegel · Das Neue Berlin Verlagsgesellschaft mbH & Co. KG
Neue Grünstr. 18, 10179 Berlin
Tel. 01805/30 99 99
(0,14 €/Min., Mobil max. 0,42 €/Min.)

Die Bücher des Eulenspiegel Verlags erscheinen
in der Eulenspiegel Verlagsgruppe.

www.eulenspiegel-verlag.de

Inhalt

Julia Rateike: »Ein Herbstabend ...«   **7**

Deine Mudder ihr Körperumfang   *8*

»Die Sprüche müssen absurd sein«
Interview mit Prof. Jannis Androutsopoulos   *32*

Deine Mudder ihr Sexleben   *36*

Thees Uhlmann: »Deine-Mudder-Sprüche sind meistens so schlecht wie die Molkerei-Produkte im Kühlschrank – deiner Mutter!«   *46*

Deine Mudder auf Arbeit   *50*

Deniz Naki: »Nichts ist mir wichtiger als meine Mutter!«   *62*

Deine Mudders kognitive Defizite   *64*

Der Checker: »Voll geil!« **94**

Ekeltraining mit deiner Mudder **96**

Regina Halmich: »Wenn ich Mutter Beimer wäre ...« **106**

Deine Mudders Antwort auf die Finanzkrise **108**

Elton: »... die Meisterschaft mit St. Pauli feiern!« **115**

Was von deiner Mudder bleibt **118**

»Vaterwitze funktionieren nach demselben Schema wie Mutterwitze« Interview mit Prof. Heike Wiese **124**

Julia Rateike: »Deine Mudder liest dies Buch ...« **127**

Ein Herbstabend in Hamburg. Ein paar jung gebliebene Menschen sitzen um einen braunen Ikea-Tisch und pokern. Der Alkohol fließt in Strömen, entsprechend ist die Stimmung bei Gästen und Gastgeber. Dieser kann es nicht ertragen, dass ausgerechnet der junge Mann in der Runde, dem er das Pokern beigebracht hat, ihm nach und nach die Chips abzieht. »Deine Mudder hat Full House« ist da noch einer der harmlosen Sprüche. Der Chips-Stapel des Gastgebers wird kleiner, die Klappe größer, der Blick der Freundin immer besorgter. Die nächste Niederlage, der nächste Spruch, diesmal aus der Kategorie »Deine Mudder ihr Sexleben«. Der junge Mann knallt die Karten auf den Tisch, nimmt seine Jacke und verlässt wutentbrannt die Wohnung. Sie funktionieren also immer noch, die guten, alten »Deine-Mudder-Sprüche«. Viel Spaß mit diesem Buch.

Julia Rateike

Deine Mudder ihr Körperumfang

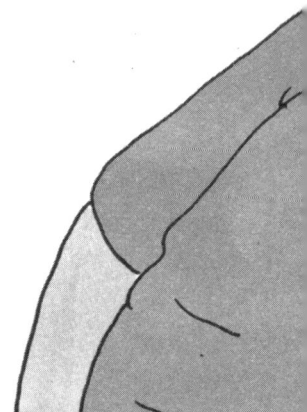

Matusseks Mudderwitz:

Deine Mudder hat Orangenhaut mit ganzen Früchten.

Matthias Matussek (Jahrgang 1954) ist Publizist und Journalist. Der langjährige SPIEGEL-Korrespondent und Leiter des SPIEGEL-Kulturressorts veröffentlicht regelmäßig einen Video-Blog auf SPIEGEL ONLINE. 2008 wurde Matussek vom Medienmagazin V.i.S.d.P. zum Online-Journalisten des Jahres gekürt.
Für dieses Buch hat Matussek seine Mudder-Spruch-Favoriten ausgewählt.

Deine Mudder macht Passbilder mit **_Google Earth._**

Deine fette Mudder kann einen Panzer kickstarten.

Deine Mudder sitzt sogar im **_Stehen._**

Deine Mudder kann ihren Tanga **_als Fallschirm_** benutzen.

Deine Mudder **_schmiedet Stahl_** mit ihren Brüsten.

Wenn deine Mudder am Strand liegt, kommt **Greenpeace** und will sie wieder ins Meer schieben.

Deiner Mudder ihr Gürtel heißt **Äquator**.

Deine Mudder zupft sich die **Augenbrauen** mit einer Rohrzange.

Deine Mudder ist die Kulisse von **Starlight Express**.

Deine Mudder ist so fett, dass man nur **im Plural** von ihr spricht.

Wenn **deine Mudder** mit gelben Klamotten aus einem Flugzeug springt, denken die Kinder in Asien, die Sonne geht auf.

Um deine Mudder zu überfahren, muss man **zweimal tanken**.

Deine Mudder benutzt zwei Smarts **als Rollschuhe**.

Deine Mudder ist die Vergangenheit, die Gegenwart und **die Zukunft**.

Deine Mudder reißt beim **Bungee-Jumping** die Brücke mit runter.

Wenn ich mich von **deiner Mudder** wegdrehe, ist sie immer noch da.

Deine Mudder verkauft im Sommer **Schatten**.

Auf der Geburtsurkunde **deiner Mudder** sind unter Nationalität 46 Länder auf vier Kontinenten eingetragen.

Deine Mudder ist **das Blaue** bei Google Earth.

Deine Mudder hat **Schnitzel** im Asthma-Spray.

Deine Mudder hat die **Blutgruppe** »Schmalz«.

Deine Mudder hat die Blutgruppe **Nutella positiv.**

Deine Mudder hat die Blutgruppe Frittenfett.

Deine Mudder steht **beim Fußball** immer im Aus.

Deine Mudder schmuggelt Mexikaner **_im Bauchnabel_** nach Deutschland.

Deine Mudder holt ihr Mittagessen mit dem **_Gabelstapler_** von der Pommesbude.

Deine Mudder ist so fett, dass dein Vater schon zehnmal in die Notaufnahme musste – wegen sehr starker **_Quetschungen._**

Wenn **deine Mudder** einen gelben Regenmantel trägt, rufen alle: Taxi!

Deine Mudder hat ihre eigene **Postleitzahl**.

Wenn sich deine Mudder **auf die Waage** stellt, steht da: Bitte einer nach dem anderen draufsteigen.

Deine Mudder steht immer in **zwei Zeitzonen**.

Deine Mudder trägt **20-Zoll-Felgen** als Ohrringe.

Deine Mudder muss **ihre Hosen** auf der Straße bügeln.

Deine Mudder ist jetzt Naturschutzgebiet für **Falken** geworden.

Deine Mudder bekommt beim **Fettabsaugen** Mengenrabatt.

Deine Mudder **piept** beim Rückwärtsgehen.

Wenn deine Mudder nach Hause kommt, wird es schon zwei Stunden **vorher dunkel**.

Der Ehering **deiner Mudder** wurde in einem Pizzakarton geliefert.

Deine Mudder braucht einen **Bumerang**, um einen Gürtel anzuziehen.

Die **Feuerwehr** musste die Badewanne deiner Mudder einfetten, um sie dort wieder herauszubekommen.

Deine Mudder sitzt in der Kirche neben **_Gott!_**

Deine Mudder hat **_Alzheimer-Bulimie_** – sie frisst den ganzen Tag und vergisst, abends zu kotzen.

Deine Mudder geht in ein Restaurant, guckt sich die Speisekarte an und sagt: **_»Okay!«_**

Als deine Mudder am Strand lag, kamen die Kinder angelaufen und haben **_»Free Willy«_** gerufen.

Deine Mudder musste ins **Aqua-Land** gehen, um getauft zu werden.

Deine Mudder geht über die **4th Avenue** und landet auf der **9th**.

Wenn deine Mudder sich auf eine **Waage** stellt, steht da: »Fortsetzung folgt …«

Deine Mudder springt in die Luft und **bleibt stecken**.

Das Abschlussfoto deiner Mudder musste von einem **Helikopter** geschossen werden.

Wenn deine Mudder auf Zehenspitzen geht, findet sie immer **_Öl_**.

Deine Mudder hat eine **_Laufmasche_** in ihrer Jeans.

Deine Mudder benutzt eine Matratze als **_Tampon_**.

Deine Mudder sprang in den Ozean, und Spanien dankte ihr für die **_Neue Welt_**.

Wenn deine Mudder aus dem Haus geht, denken alle, es ist **_Sonnenfinsternis_**.

Deine Mudder bekommt im Kino **Gruppenrabatt**.

Wenn deine Mudder am **Fernseher** vorbeigeht, verpasst man alle drei Teile von »Herr der Ringe«.

Wenn deine Mudder auf die **Waage** steigt, zeigt die eine Handynummer an.

Wenn deine Mudder hustet, entstehen **Tornados**.

Mit deiner Mudder könnte man ganz **Afrika** bekochen.

Deine Mudder dreht sich einmal, und dann hat sie schon wieder **Geburtstag**.

Deine Mudder ruft die **Feuerwehr** zum Duschen.

Wenn deine Mudder auf der Straße steht, berechnet **mein Navi** eine Stauumfahrung.

Deine Mudder muss bei »All You Can Eat« den **Familientarif** nehmen.

Deine Mudder bleibt bei Aldi im Drehkreuz stecken.

Deine Mudder hat sich immer mehr ums Essen gekümmert **als um dich**.

Deine Mudder bekommt gleich zweimal ***Hartz IV***.

Wenn deine Mudder FIFA spielt, geht ***automatisch*** der Multiplayer-Modus an.

Deine Mudder braucht 'ne **Bohrinsel** zum Popeln.

Wenn *deine Mudder* aus dem Bett fällt, fällt sie von beiden Seiten.

Deine Mudder kocht *ihre Suppe* in der Badewanne.

Wenn man deiner Mudder *auf den Hintern* haut, kann man Wellen reiten.

Deine Mudder **blockiert** sogar WLAN.

Der Bauch **deiner Mudder** ist per Überhangmandat in den Bundestag eingezogen.

Deine Mudder **spendet** dem Roten Kreuz Öl anstatt Blut.

Deine Mudder rasiert sich mit einem **Rasenmäher**.

Deine Mudder ist der **Container** für die neue Big-Brother-Staffel.

Deine Mudder bekommt **Höhenangst**, wenn sie auf dem Bauch schläft.

Wenn *deine Mudder* hustet, entstehen Fettwolken.

Deine Mudder ist am *11., 12. und 13. Mai* geboren.

Deine Mudder isst Fischbrötchen, belegt mit *Moby Dick*.

Deine Mudder *jongliert* mit Planeten.

Die *Brillengläser* deiner Mudder sind so fett, wenn sie auf die Landkarte schaut, sieht sie die Leute winken.

Deine Mudder wurde auf dem Marktplatz wegen illegaler Massenversammlung **verhaftet**.

Für die einen ist es die längste Praline der Welt, für **deine fette Mudder** ist es nur ein Krümel.

Wenn deine Mudder im Wasser schwimmt, kommen die Wale und singen »**We are family**«.

Wenn **deine Mudder** läuft, gibt es in China ein Erdbeben.

Wenn deine Mudder ***ins Weltall*** fliegt, haben wir einen zweiten Mond.

Wenn ***deine Mudder*** auf einem Trampolin springt, gibt es eine Sonnenfinsternis.

Ich bin heute ***zehn Kilometer*** gelaufen – einmal um deine Mudder herum.

Deine Mudder geht zum ***Teppichhändler***, um sich die Nase zu putzen.

Was ist der Unterschied zwischen **deiner Mudder** und einem Nilpferd? Das eine hat ein großes Maul und einen fetten Arsch, das andere lebt am Nil.

Auf dem Schatten **deiner Mudder** können zehn Flugzeuge landen.

Deine Mudder wird vom LKW **angefahren** und fragt: »Wer hat den Stein geworfen?«

Für ein **Passfoto** deiner Mudder muss der Fotograf sein Weitwinkelobjektiv rausholen.

»Die Sprüche müssen absurd sein«

*Interview
mit Prof.
Jannis Androutsopoulos*

Herr Androutsopoulos, Sie als Professor für Linguistik müssten uns doch sagen können, wo die »Mudder-Sprüche« herkommen?
Diese Art von Sprüchen ist mindestens seit den sechziger Jahren in der afroamerikanischen Jugendkultur dokumentiert. Schwarze Jugendliche in Harlem haben sich schon damals verbale Duelle mit »Deine-Mudder-Sprüchen« geliefert. Das sind die afroamerikanischen »Sounds«, ein bestimmtes Format kompetitiver Sprüche.

Stoppstoppstopp, geht's ein bisschen einfacher?
Na klar. Die Sprüche funktionieren nach einem festen Schema, bei dem die Mutter des Gegners herabgewür-

digt wird: Deine Mutter ist so x, dass y ... Hier ein O-Ton-Beispiel: »Your mother so old she got spider webs under her arms« (»Deine Mutter ist so alt, sie hat'n Spinnennetz unterm Arm«). Auch die Interaktionsform ist festgelegt. Der eine klopft den Spruch, der andere erwidert und übertreibt ihn. Wie weit dieses Spiel geht, entscheidet das Auditorium, also die Clique, die drumherum steht.

Und wann ist ein Spruch gelungen?
Natürlich muss er dem Auditorium gefallen. Es gilt aber eine einfache Grundregel. Offensichtlich müssen die Sprüche absurd sein. Die Sprücheklopfer müssen sich in ihrer Absurdität überbieten. Wenn die Sprüche nicht absurd sind, dann haben sie den anderen wirklich beleidigt.

Aber wieso werden gerade die Mütter beleidigt?
Das könnte damit zusammenhängen, dass die Kids in Harlem eher in zerrütteten Familienverhältnissen aufwuchsen und daher auch eher dominante Mutterfiguren hatten.

Und wie sind die Sprüche dann zu uns gekommen?
Vieles spricht dafür, dass die in den Neunzigern einsetzende HipHop-Kultur in Deutschland – nicht zuletzt durch den Sprechgesang – dafür verantwortlich war. Die Sprüche der afroamerikanischen Jugendlichen fanden

33

schon sehr früh ihren Weg in die Rapmusik und wurden dadurch auch von deutschen Rappern rezipiert und daraufhin nachempfunden.

Und wie ging es dann weiter?
Es hat eine kreative Weiterentwicklung und Vermischung mit hiesigen Kulturen stattgefunden. Sowohl mit der herkömmlichen deutschen Sprüchekultur, wie wir sie aus Schüler- und Studentenkreisen kennen, als auch mit südländischen Sprüchekulturen, die über Migration ihren Weg zu uns gefunden haben. Rituelle Beleidigungen unter Jugendlichen sind in vielen Sprachen und Kulturen, darunter der türkischen und griechischen, dokumentiert. Mittlerweile haben sich die Verhältnisse jedoch stark geändert. Der enge Rahmen des HipHop ist gesprengt, der Wettbewerb ist in andere soziale Kontexte gerückt.

Zu Deutsch?
Die Regeln für die rituellen Beschimpfungen haben sich geändert. Früher waren sie Teil der Ausdruckskultur im HipHop, in einer Szene, die in sich recht geschlossen war. Heute dienen die Sprüche beispielsweise auch als Machtinstrument gegenüber vermeintlich ungebildeten Menschen.

Jannis Androutsopoulos (Jahrgang 1967): Nach Erststudium in Athen und Promotionsstudium in Heidelberg forschte und lehrte er als wissenschaftlicher Mitarbeiter in Mannheim, Juniorprofessor in Hannover, Reader in London, seit 2009 als Professor für Linguistik des Deutschen und Medienlinguistik an der Universität Hamburg. Forschungsschwerpunkte in den Fachgebieten Sozio- und Medienlinguistik mit Fokus auf Jugendkulturen, digitalen Kommunikationsprozessen und medialen Repräsentationen. Mit dem Sammelband »HipHop: Globale Kultur – lokale Praktiken« gab er 2003 die Mutter aller Fachpublikationen über die Aneignung von HipHop im deutschsprachigen Raum heraus.*

Deine Mudder ihr Sexleben

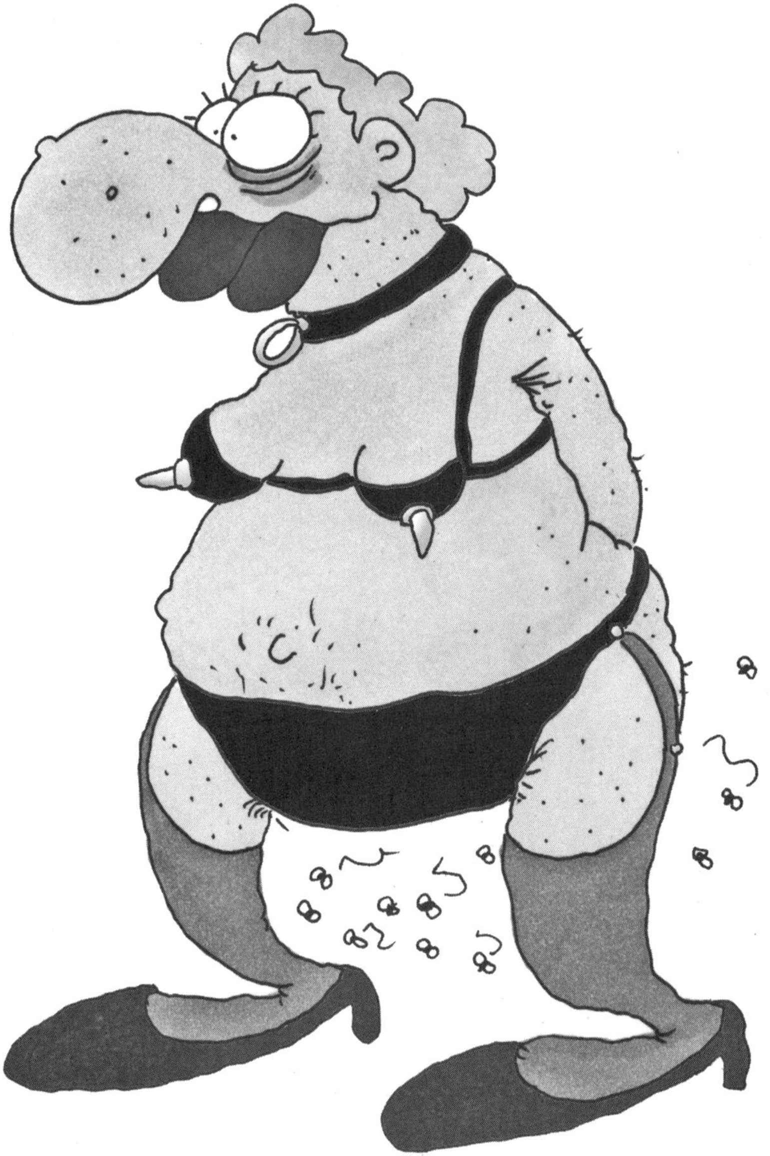

Matusseks Mudderwitz:

Deine Mudder wollte dir eigentlich den Namen deines Papas geben, aber GANGBANG ist ein wirklich blöder Name.

Deine Mudder ist wie ein **Glas Senf**, jeder hatte sein Würstchen schon drin.

Deine Mudder ist wie eine **Packung Böller**: ein Euro, fünfmal knallen.

Deine Mudder wird öfters geknallt als die Tür beim **Arbeitsamt**.

Deine Mudder ist wie ein Cheeseburger. **Fettig** und kostet einen Euro.

Deine Mudder ist wie die **Titanic** – keiner weiß, wie viele drauf waren.

Deine Mudder ist wie Spargel –
jedes Jahr kommen Gastarbeiter und
stechen sie.

Deine Mudder hatte Sex mit allen
vier Ludolfs.

Du stehst am ***Muddertag*** mit Blumen
auf der Reeperbahn.

Deine Mudder ist wie mp3 – lässt
sich einfach auf meinen Stick ziehen.

Deine Mudder ist Platin gegangen – sie wurde mehr als 1 000 000 Mal **verkauft**.

Deine Mudder wird öfter **begrapscht** als ein Touchscreen.

Als ich deine Mudder letztens geknallt hab, sind **Luftballons** von der Decke gekommen, und sie hat laut geschrien: »Sie sind der einmillionste Kunde!«

Der **Vibrator** von deiner Mudder läuft mit Starkstrom.

Deine Mudder ist noch schlechter
im Bett als deine Schwester.

Deine Mudder geht zu »Wetten
dass …?!«. Sie kann alle Männer der
Stadt am ***Geschmack*** erkennen.

Deine Mudder ist wie ***ein Sofa*** von
Ikea – jeder darf mal drauf liegen.

Deine Mudder hat mehr ***Eicheln***
gesehen als ein Förster.

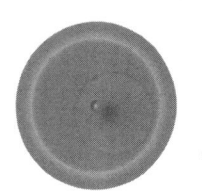

Deine Mudder bietet ihren **Freiern** neuerdings die »Abfuck-Prämie« an.

Deine Mudder ist die beste **Preisempfehlung** von billiger.de.

Deine Mudder ist wie ein **Staubsauger** – sie saugt, bläst und liegt im Schrank.

Deine Mudder ist wie ein **Formel-1-Pilot** – sie verbrennt 50 Gummis pro Tag.

Deine Mudder macht mehr **_Dreier_** als BMW!

Deine Mudder macht Kniebeugen **_im Gurkenfeld_**.

Deine Mudder ist wie 'ne **_Shisha_**, ohne Kohle geht nix.

Deine Mudder ist so billig, das Einzige, was sie **_kostet_**, ist Überwindung.

Deine Mudder muss man erst in **_Mehl wälzen_**, um ihre feuchte Stelle zu finden.

Deine Mudder ist wie ein schlechter **_Torwart_** – sie lässt immer einen rein.

Thees Uhlmann

»Deine-Mudder-Sprüche sind meistens so schlecht wie die Molkerei-Produkte im Kühlschrank – deiner Mutter!«

Muttertag bedeutet für meine Mutter ...
... nichts! O-Ton: »Einen Tag der Ehre brauche ich auch nicht. Ich will lieber das ganze Jahr gut behandelt werden.« Allerdings stellt sich auch eine gewisse Grundnervosität ein, wenn um 12 Uhr mittags immer noch kein Blumenstrauß auf dem Tisch steht!

Wer meine Mutter beleidigt ...
... betritt die absurde Welt des totalen Schmerzes. Spaß gemacht ... Ich kann mich, ehrlich gesagt, nicht erinnern, dass das mal jemand gemacht hat. Aber ich kann mich auch nicht daran erinnern, dass jemand Rosen, Einhörner oder gute Erfindungen beleidigt hätte.

Wenn ich jemanden beleidige ...
... dann heißt das nicht beleidigen, sondern verbal abstrafen. Mal ehrlich: Ich beleidige nicht. Ist meistens nicht nötig. Das letzte Mal habe ich schwerst verkatert jemanden in einem Thor-Steinar-Pullover am Hamburger Hauptbahnhof beleidigt! Ich stehe sonst nicht so auf archaische Verhaltensmuster.

Mit meiner Mutter würde ich gerne mal ...
... eine Rheinschifffahrt von Düsseldorf bis nach Basel und zurück machen. Sabbeln, gucken und ab 16 Uhr Riesling an Deck trinken. Tagesausflüge aber schwänzen.

Wenn ich Mutter Beimer wäre ...
... wäre ich eine Figur in einer Fernsehsendung, die Thees Uhlmann seit zwanzig Jahren nicht mehr gesehen hat. Und ich würde Hans Beimer immer noch hinterherheulen!

Warst du ein Muttersöhnchen?
Nein, ich war einfach die totale genetische Mitte meiner Mutter und meines Vaters, gepaart mit dem Freiheitswillen eines Tierheim-Huskies! Wir haben Kriege geführt von epochalen Ausmaßen. Aber so muss das auch sein, zumindest in meiner Welt!

Was hast du mit der Muttermilch aufgesogen?
Sei freundlich zu Menschen und zuvorkommend. Gehe vom Guten des Gegenüber aus. Das Gegenteil wird, wenn, dann schon schnell genug bewiesen. Kaufe das billigere Produkt und achte auf Sonderangebote. Glaub an dich, aber nicht zu doll, sonst wirst du arrogant. Die Menschen freuen sich über Aufmerksamkeiten, wenn sie ernst gemeint sind. Man kann auch zur Schule gehen, wenn man Fieber hat oder einem ein Stahlgaragentor auf den Kopf gefallen ist und einem schwindelig ist. Sei hart zu dir selbst!

Wie findest du Deine-Mudder-Sprüche?
Deine-Mudder-Sprüche sind meistens so schlecht wie die Molkerei-Produkte im Kühlschrank – deiner Mutter!

Welches ist dein Lieblings-Deine-Mudder-Spruch?
Ich war neulich mit meiner Mutter, der Familie meines Bruders und meiner Tochter an der Ostsee am Strand, und ich meinte: »Oma ist soooo dick (ist sie übrigens gar nicht), dass, wenn hier ein Walfängerschiff vorbeifährt, die Walfänger klatschen, weil sie sich so freuen.« Daraufhin mein Neffe: »Onkel Thees ist so frech, dass, wenn hier ein Polizist vorbeikommt, er ins Gefängnis muss!« So ging das dann eine Stunde weiter!

Was bedeutet deine Mutter für dich?
Auf eine bestimmte Art und Weise bedeutet mir meine Mutter einfach und simpel – alles!

Wieso soll man den Namen deiner Mutter schreien?
Der Text zu dem Tomte-Song »Schreit den Namen meiner Mutter« ist einfach nur die Beschäftigung mit dem Gedanken von Genese und Nachhaltigkeit. Was man ist und wie das gekommen ist. Und der Ursprung von allem ist eben im Leben eines jeden Menschen die Mutter.

Thees Uhlmann (Jahrgang 1974) ist Autor und Musiker. Mit seiner Band »Tomte« veröffentlichte der in Hemmoor geborene Vater einer Tochter zwischen 1998 und 2008 fünf Alben. Im August 2011 erschien das erste Soloalbum des passionierten St. Pauli-Fans.

Deine
Mudder
auf Arbeit

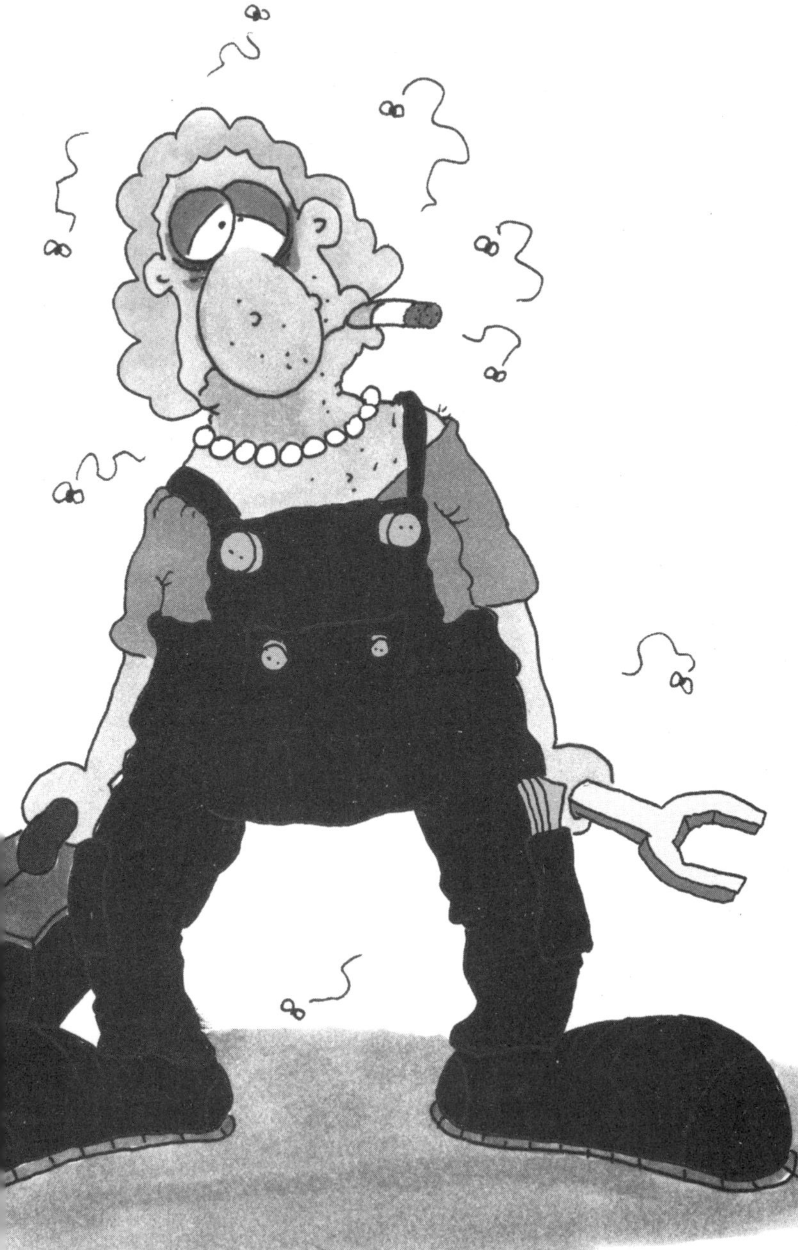

Matusseks Mudderwitz:

Der **Dönermann** hat angerufen – du sollst vorbeikommen, deine Mudder dreht sich nicht mehr.

Deine Mudder arbeitet auf dem Fischkutter als Gestank.

Deine Mudder arbeitet in der ***Losbude*** als Niete.

Deine Mudder arbeitet ***bei Lotto*** als Zusatzzahl.

Deine Mudder raspelt ***Kokosnüsse*** bei Bounty.

Deine Mudder arbeitet im Aufzug – als ***Gegengewicht***.

Deine Mudder heißt **Peter** und spielte bei **Löwenzahn**.

Deine Mudder sitzt im **Cola-Automat** und gibt Wechselgeld.

Deine Mudder hat 'nen **Brennholzverleih**.

Deine Mudder spielt den riesigen Scheißhaufen in **Jurassic Park**.

Deine Mudder ist der **Bofrost-Fahrer**.

Deine Mudder **pinkelt** im Stehen.

Deine Mudder ist **der Fehler** in der Matrix.

Deine Mudder **faltet Tüten** bei Aldi.

Deine Mudder schnitzt Möbel **für Ikea**.

Deine Mudder **fährt** den Bus vom A-Team.

Deine Mudder **steht Modell** für die Bärchenwurst.

Deine Mudder fährt den Zug von **Jim Knopf**.

Deine Mudder ist dick, **_grün_** und lebt im Sumpf.

Deine Mudder hat einen Job als **_Hüpfburg_**.

Deine Mudder jobbt auf der Queen Mary 2 – **_als Anker_**.

Deine Mudder **_arbeitet_** bei IKEA als unterste Schublade.

Deine Mudder ist im dritten Lehrjahr – als **_Klowart_** an der Shell-Tanke.

Deine Mudder arbeitet **_im Knast_** als Bestrafung.

Deine Mudder ist **_Gondelbremserin_** in der Geisterbahn.

Deine Mudder pult **_Erdnüsse_** bei Snickers.

Deine Mudder zerreißt Telefonbücher bei **_»Wetten dass ...?!«_**

Deine Mudder liegt **_bei Aldi_** unter der Kasse und macht »Piep!«

Deine Mudder arbeitet *im Kino* – als Leinwand.

Deine Mudder arbeitet *im Knast* als Gummizelle.

Deine Mudder singt bei Lordi – *ohne Maske*.

Deine Mudder macht das *dööööööööt* bei TV Total.

Deine Mudder ist *Hülsensammlerin* auf dem Übungsplatz.

Deine Mudder stampft den Wein für **_Getränketüten_**.

Deine Mudder heißt **_Ottfried_** und ist der Bulle von Tölz.

Deine Mudder heißt Klaus und boxt auf dem **_Volksfest_**.

Deine Mudder heißt Bernd und ist die **_Stärkste_** im Knast.

Deine Mudder heißt Manfred und ist **_LKW-Fahrer_**.

Deine Mudder ist zwei Meter groß, röchelt durch eine **schwarze Maske** und lebt auf der dunklen Seite der Macht.

Deine Mudder legt **Tarotkarten** auf 9Live.

Deine Mudder **bellt**, wenn's klingelt.

Deine Mudder fährt im **Hühnerstall** Motorrad.

Deine Mudder ist gelb, lebt unter Wasser und hat einen **dummen Seestern** als Freund.

Deine Mudder heißt Cindy und kommt aus **Berlin-Marzahn**.

Deine Mudder heißt **Zonk** und wohnt in Tor 3.

Deine Mudder ist wie Papa Schlumpf – sie trägt einen **Vollbart** und ist immer blau.

Deine Mudder heißt Jumbo und testet Schnitzel bei Galileo.

Deine Mudder ist der **Endgegner**.

Deniz Naki

»Nichts ist mir wichtiger als meine Mutter!«

Muttertag bedeutet für mich ...
Wann immer ich die Möglichkeit habe, den Tag mit meiner Mutter zu verbringen, mache ich das natürlich.

Muttertag bedeutet für meine Mutter ...
... dass sie sich sehr über meinen Besuch gefreut hat, auch weil ich nicht direkt in der Heimat gewohnt habe.

Wer meine Mutter beleidigt ...
Daran möchte ich gar nicht denken.

Mit meiner Mutter würde ich gerne mal ...
Ich verbringe einfach gerne Zeit mit ihr, auch weil ich sie sehr selten sehe.

Warst du ein Muttersöhnchen?
Nein, ich habe aber eine gute Beziehung zu ihr.

Was hast du mit der Muttermilch aufgesogen?
Hab lieber zwei echte Freunde, als fünfzig falsche um dich herum.

Wie findest du Deine-Mudder-Sprüche?
Meine Mutter und mein Vater sind tabu. Ich respektiere die Eltern generell und möchte auch nicht, dass meine beleidigt werden.

Was bedeutet deine Mutter für dich?
Nichts ist mir wichtiger als meine Mutter. Sie ist mein Ein und Alles, ich würde für sie sterben.

Deniz Naki (Jahrgang 1989) ist Profifußballer türkisch-kurdischer Abstammung. Der offensive Mittelfeldspieler wurde 2009 mit der deutschen U19-Nationalmannschaft Europameister. Derzeit steht der gebürtige Dürener beim FC St. Pauli unter Vertrag.

Deine Mudders kognitive Defizite

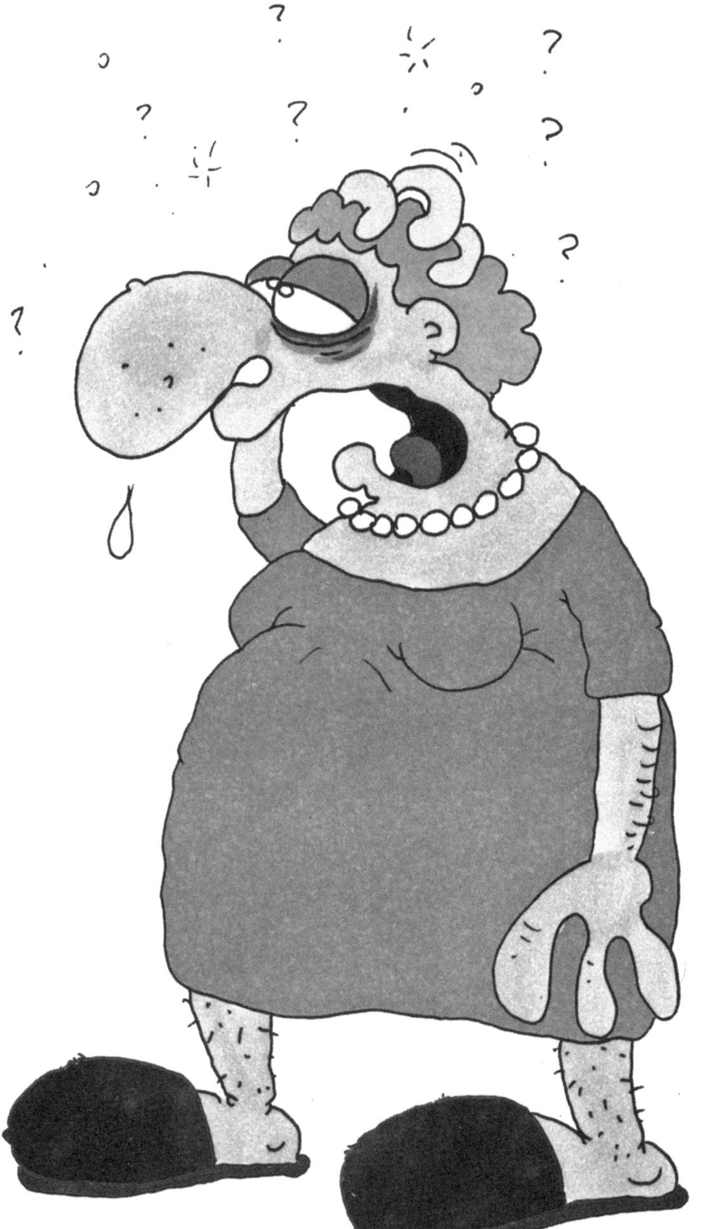

Matusseks Mudderwitz:

Deine Mudder setzt sich auf den Fernseher und schaut den ganzen Tag Couch.

Deine Mudder geht mit einem **_fremden Mann_** durch den Wald und kommt alleine wieder raus.

Deine Mudder verkauft Obst auf dem **_Schwarzmarkt_**.

Deine Mudder **_kocht Wasser_** nach Rezept.

Deine Mudder beantragt bei **_Monopoly_** Hartz IV.

Deine Mudder schaut **_Filme_** auf dem iPod Shuffle.

Brot kann schimmeln! Was kann **deine Mudder?**

Deine Mudder **singt** beim Kacken »Drop it like it's hot!«

Deine Mudder stellt sich neben zwei **Mülltonnen** und sagt: »Cheeese.«

Deine Mudder ist **farbenblind** und kauft sich einen Game Boy Color.

Deine Mudder wirft **einen Vogel** aus dem Fenster, um ihn zu töten.

Deine Mudder versucht, einen Fisch zu **_ertränken_**.

Deine Mudder steht vor **_Plus_** und fragt, wo **_Minus_** ist.

Deine Mudder trägt einen **_Tanga_** auf dem Kopf und denkt, sie wäre 2Pac.

Deine Mudder verläuft sich in der **_Telefonzelle_**.

Deine Mudder will ins **_Gefängnis_** einbrechen.

Deine Mudder wohnt im Erdgeschoss und fährt mit dem ***Aufzug***.

Das Erste, was ***deine Mudder*** bei den Anonymen Alkoholikern sagt, ist ihr Name, ihre Adresse und die Telefonnummer.

Deine Mudder gießt ***Seerosen***.

Deine Mudder ***schmuggelt*** deutsche Zigaretten nach Polen.

Deine Mudder nutzt den ***Telefonjoker***, um zu fragen, welche Farbe das Weiße Haus hat.

Deine Mudder bekommt auch auf
Tiernahrung 20 Prozent.

Deine Mudder bindet sich einen
Autoreifen auf den Rücken und denkt,
sie wäre ein Transformer.

Deine Mudder hält Recycling für eine
olympische Sportart.

Deine Mudder guckt bei einer Glastür
durchs **_Schlüsselloch_**.

Deine Mudder **_schminkt_** sich mit
'nem Edding.

Deine Mudder klaut **_Freibier_**.

Deine Mudder bestellt **_Pizza_** bei Ebay.

Deine Mudder **_klaut bei KiK_** und verlangt nach dem Kassenzettel.

Deine Mudder packt ihr Gesicht auf den **_Grill_** und ruft: »Don't call it Schnitzel!«

Deine Mudder denkt, **_Brasilien_** wird Europameister.

Deine Mudder wettet auf England bei der EM.

Deine Mudder **bezahlt** bei »All You Can Eat« zweimal.

Deine Mudder hat nur **einen Arm** und kauft in einem »Second-Hand Shop«.

Deine Mudder rennt in den Zoo und bewirft die **Affen** mit Kot.

Deine Mudder macht das Essen mit **dem Fön** warm.

Wenn du **deine Mudder** nach Rat fragst, bekommst du Weihnachten ein Mountainbike.

Deine Mudder kackt vor Aldi, weil auf der Tür steht: ***»Bitte drücken«***.

Deine Mudder lutscht **Klosteine**.

Deine Mudder steht morgens um **fünf vor acht** vor Aldi und singt: »It's the final countdown …«

Wenn Dummheit Fahrrad fahren könnte, müsste **deine Mudder** bergauf bremsen.

Deine Mudder isst **Kürbisjoghurt** mit ganzen Früchten.

Deine Mudder rennt dem **_Müllwagen_** hinterher und schreit: »KAMELLE«.

Deine Mudder sitzt im Mülleimer und singt: **_»It's my life.«_**

Deine Mudder dreht **_Quadrate_** bei Tetris.

Deine Mudder kommt bei 9Live durch und **_verliert_**.

Deine Mudder hat **_nur ein Bein_** und sagt: »Tunnel mich.«

Deine Mudder steht auf dem Internetkabel und **behauptet**, sie wäre online.

Deine Mudder macht **Telefonstreiche** bei 9Live.

Deine Mudder fragt bei McDonald's nach der **Weinkarte**.

Deine Mudder **bewirbt** sich bei »Next Uri Geller«. Sie kann machen, dass die Luft stinkt.

Deine Mudder **schreibt** »nämlich« mit zwei h.

Deine Mudder **krümelt** beim Trinken.

Deine Mudder kackt auf die Tanzfläche und schreit: »Dirty Dancing!«

Deine Mudder spielt **»Singstar«** mit Kontroller.

Deine Mudder **googelt** bei Yahoo.

Deine Mudder füllt ihre **Zahnlücken** mit TicTac auf.

Deine Mudder ist **Leverkusen-Ultra**.

Deine Mudder wurde bei der M&M's-Fabrik **rausgeschmissen**, weil sie die »Ws« aussortiert hat.

Deine Mudder zieht **Flip Flops** mit einem Schuhlöffel an.

Deine Mudder behauptet, sie hätte zweimal bis **unendlich** gezählt.

Deine Mudder stürzt **öfter ab** als Windows.

Deine Mudder setzt sich einen **Mülleimer** auf den Kopf und nennt sich R2D2.

Deine Mudder **schält** Smarties.

Deine Mudder sortiert M&M's nach **Alphabet**.

Deine Mudder denkt, »Deine-Mudder-Sprüche« wären **Komplimente**.

Deine Mudder **liegt vor Aldi** und deckt sich mit einem Fahrrad zu.

Deine Mudder verlegt **WLAN-Kabel**.

Deine Mudder **spuckt** dir ins Gesicht und schreit: »Aquaknarre!«

Deine Mudder dreht mit den **_Zeigefingern_** Däumchen.

Deine Mudder versucht, **_im Chat_** mit der Leertaste zu spammen.

Deine Mudder wird öfter **_über den Tisch_** gezogen – als Putzlappen.

Deine Mudder **_sucht_** bei »EINS, ZWEI oder DREI« die VIER.

Deine Mudder **_kocht Schnitzel_** im Kühlfach.

Deine Mudder versucht, Linien mit einer **Zick-Zack-Schere** zu schneiden.

Deine Mudder kippt Actimel über den PC, um ihn **vor Viren** zu schützen.

Deine Mudder schreit beim **Pokern** MauMau.

Deine Mudder **schmiert Senf** auf den Fernseher, damit das Bild schärfer wird.

Deine Mudder schubst **kleine Entchen** in den Teich.

Über dem Niveau deiner Mudder ist neulich eine **Kellerwohnung** frei geworden.

Deine Mudder **sitzt im Keller** und strickt Stahlhelme.

Deine Mudder würzt ihr Essen mit **Pfefferspray**.

Deine Mudder spielt alleine Karten und **schummelt**.

Deine Mudder **guckt Pornos** im ZDF.

Deine Mudder haut mit ihrer Glatze **_Nägel_** in die Wand.

Deine Mudder macht **_Breakdance_** in der Badewanne.

Deine Mudder verläuft sich im **_leeren Raum_**.

Deine Mudder kennt **_Chuck Norris_** nicht.

Deine Mudder brät **_Würstchen_** auf der Heizung.

Deine Mudder geht aufs Aaron-Carter-Konzert und **_singt_** David-Hasselhoff-Lieder.

Deine Mudder spielt mit dem **_Bobbycar_** »Transformers«.

Deine Mudder friert **_kochendes Wasser_** ein.

Deine Mudder **_wartet_**, bis das Stoppschild grün wird.

Deine Mudder isst ihr **_Knoppers_** schon um halb neun.

Deine Mudder läuft bei **Super Mario** nach links.

Deine Mudder **verhütet** mit der Glücksspirale.

Deine Mudder will auf den **Nato-Gipfel** klettern.

Deine Mudder wirft 'ne **Orange** auf den Boden und schreit: »Los Pikachu, du bist dran!«

Deine Mudder kauft ein solarbetriebenes **Flash-Light**.

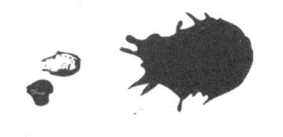

Deine Mudder kauft sich eine **_Videokamera_**, um Filme im Fernsehen aufzunehmen.

Deine Mudder lässt **_Wasser_** anbrennen.

Deine Mudder denkt, **_Petting_** ist ein Tierschutzverein.

Wenn **_deine Mudder_** das »FSK 18«-Schild liest, lädt sie sich erst mal 17 Freunde ein.

Wenn du direkt neben deiner Mudder stehst, hörst du die **_Ozeanwellen_**.

Deine Mudder bekommt sogar als **_Linksabbieger_** einen grünen Pfeil.

Deine Mudder **_denkt_** beim 1×1 an Buchstabensuppe.

Deine Mudder **_ist so dumm_** wie die Witze über sie.

Deine Mudder spielt **_Online-Poker_** mit Sonnenbrille.

Deine Mudder stellt den PC in den **_Fahrstuhl_**, um ihn herunterzufahren.

Deine Mudder geht nicht zu **McDonald's**, weil sie das 1×1 nicht kann.

Deine Mudder denkt, **Kinder Country** wäre ein Land.

Deine Mudder will bei Apple **Obst kaufen**.

Deine Mudder säuft **Rasierwasser**, um sich volllaufen zu lassen.

Deine Mudder zockt **Counter Strike** mit einem Lenkrad.

Deine Mudder ist wie **MS-DOS**: alt und für nichts zu gebrauchen.

Deine Mudder versucht, bei Tetris den **höchsten Turm** zu bauen.

Deine Mudder versucht, ihre **Weihnachtsgeschenke** mit Winrar zu verpacken.

Deine Mudder schickt Problemberichte an Microsoft und **wartet** auf Antwort.

Deine Mudder hält bei GTA an den **roten Ampeln**.

Deine Mudder wollte dich
zwei Wochen nach deiner Geburt
immer noch abtreiben.

Deine Mudder lässt sich **Fett absaugen** und macht daraus Seife.

Deine Mudder schreibt die Texte für **Scooter**.

Deine Mudder singt **»Mein Block«** von Sido und zeigt dabei auf fünf Mülltonnen.

Deine Mudder lispelt beim **Chatten**.

Deine Mudder steht vor der **Rolltreppe** und zählt die Stufen.

Deine Mudder bekommt beim Elternabend einen **Klassenbucheintrag**.

Deine Mudder heult bei **SpongeBob**.

Deine Mudder wird **im Stau** geblitzt.

Deine Mudder **sammelt Laub** für den Blätterteig.

Deine Mudder hat sich als **Bananenbiegerin** beworben.

Deine Mudder spielt **_Penner-Game_** – ohne PC.

Deine Mudder wird gefoult und kriegt die **_Rote Karte_**.

Deine Mudder **_liebt dich_** nur wegen des Kindergeldes.

Deine Mudder **_rappt_** auf dem Wacken-Open-Air.

Deine Mudder sucht noch heute nach **_den Gewichten_** für die Wasserwaage.

Deine Mudder erfindet **wasserdichte Teebeutel** und Rollstühle mit Pedalen.

Deine Mudder wurde im Meer **getauft**.

Deine Mudder kauft **einen Fernseher** für den Preis von zweien.

Deine Mudder begräbt leere **Batterien**.

Deine Mudder braucht ein **Maßband**, um zu sehen, wie lange sie geschlafen hat.

Der Checker
»Voll geil!«

Muttertag bedeutet für mich ...
... Blumen zu kaufen.

Muttertag bedeutet für meine Mutter ...
... Blumen geschenkt zu bekommen.

Wer meine Mutter beleidigt ...
... über den lache ich und gehe weiter.

Wenn ich jemanden beleidige ...
... dann wird's böse.

Mit meiner Mutter würde ich gerne mal ...
... Rollen tauschen – nur für einen Tag!

Wenn ich Mutter Beimer wäre ...
... wäre Moritz A. Sachs mein Sohn.

Warst du ein Muttersöhnchen?
Ja!

Was hast du mit der Muttermilch aufgesogen?
Meine große Klappe und mein Selbstbewusstsein.

Wie findest du Deine-Mudder-Sprüche?
Voll geil!

Welches ist dein Lieblings-Deine-Mudder-Spruch?
Deine Mudder sitzt vor Aral und versäuft das Busgeld.

Was bedeutet deine Mutter für dich?
ALLES.

Der Checker alias Thomas Karaoglan (Jahrgang 1993) wurde 2010 in der siebten Staffel von »Deutschland sucht den Superstar« berühmt. Der Popsänger mit armenischen Wurzeln beendete die Casting-Show als Fünfter. Zwei Plätze besser schnitt der gebürtige Duisburger 2011 bei »Let's Dance« ab.

Ekel-training mit deiner Mudder

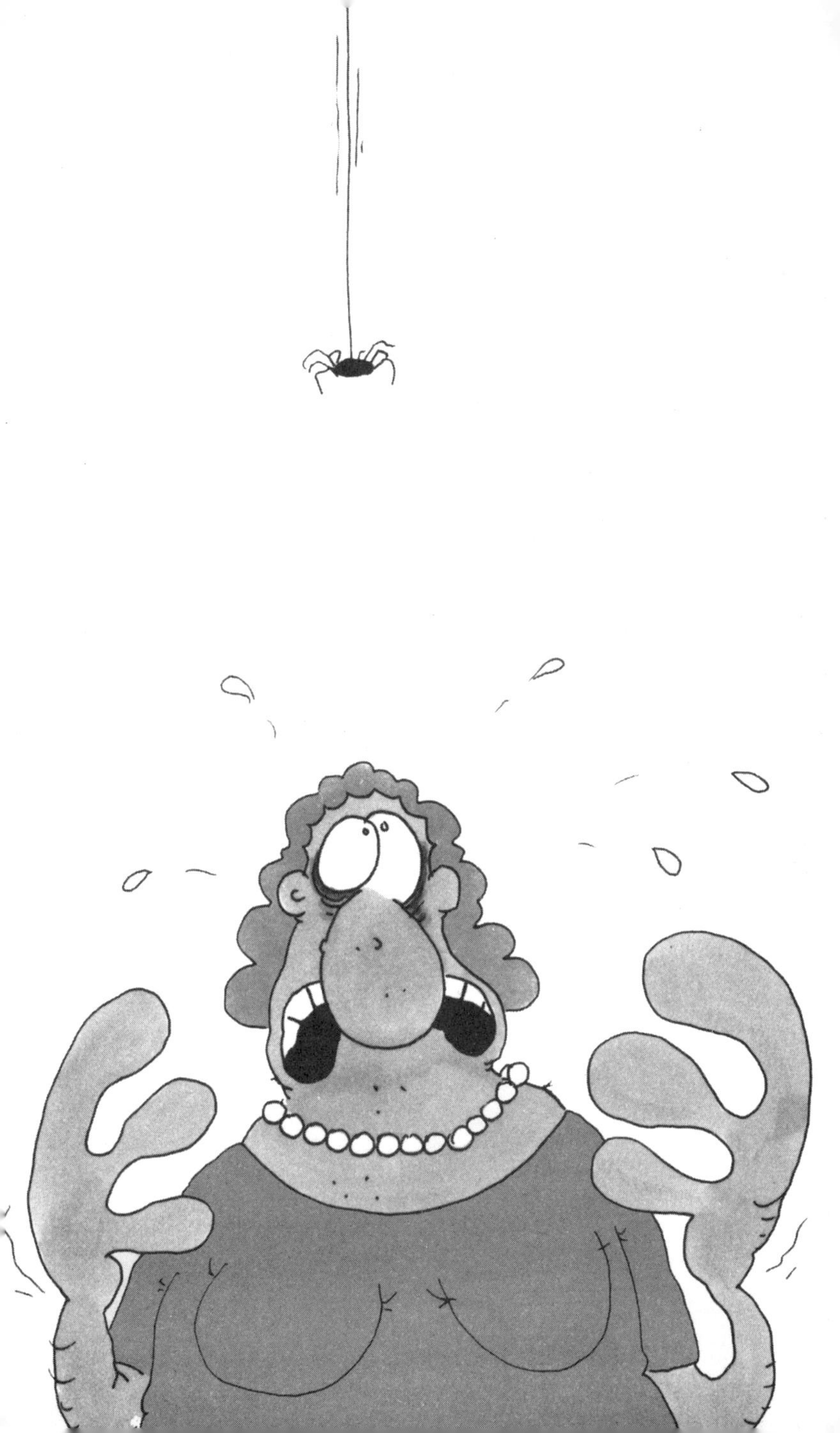

Matusseks Mudderwitz:

Wenn man **deine Mudder** im Garten als Vogelscheuche aufstellt, bringen die Vögel die Kirschen vom letzten Jahr zurück.

Deine Mudder wollte bei einem **_Hässlichkeits-Contest_** mitmachen, doch die Organisatoren sagten: »Sorry, keine Profis!«

Der Schweiß deiner Mudder läuft **_rückwärts über ihren Kopf_**, damit er nicht durch ihr Gesicht muss.

Die Geburtsurkunde deiner Mudder war ein **_Entschuldigungsschreiben_** von Billy Boy.

Dein Vater nimmt deine Mudder mit zur Arbeit, damit er ihr keinen **_Abschiedskuss_** geben muss.

Deine Mudder hat angerufen, du sollst nach Hause kommen und ihr den **Rücken** kämmen.

Deine Mudder hat so behaarte Achseln, man könnte denken, sie hätte **zwei Hippies** im Schwitzkasten.

Deine Mudder ist zu hässlich für **Telefonsex**.

Deine Mudder ist so hässlich, sie bekommt **Verhütungsmittel** umsonst.

Deine Mudder bringt sogar eine **Zwiebel** zum Heulen.

Wenn deine Mudder strippt, bekommt sie **Geld**, damit sie sich wieder anzieht.

Deine Mudder sammelt **hässliche Kinder**.

Deine Mudder hat ein Gesicht wie die **Tour de France** – 23 Tage voll reingetreten.

Deine Mudder verkauft ihre Fingernägel als **Bumerang**.

Wenn deine Mudder ihren Schlüpfer auszieht, hört sich das an, als würde man einen **Klettverschluss** öffnen.

Deine Mudder hat so lange Arschhaare, dass sie ihr **beim Spülen** ins Wasser hängen.

Deine Mudder hat die **Traummaße**: 90-60-90 – und dann das andere Bein.

Wenn deine Mudder ein **Gullideckel** wäre, würde sie schöner aussehen.

Deine Mudder hat einen Zahn, den dein Vater als **Flaschenöffner** benutzt.

Wenn deine Mudder sich zwei Tage nicht rasiert hat, könnte sie bei **King Kong** mitspielen.

Deine Mudder wurde früher mit der **_Steinschleuder_** gefüttert.

Deine Mudder macht beim **_Friseur_** ihr Hemd auf.

Als deine Mudder **_ein Bad nehmen_** wollte, floh das Wasser.

Deine Mudder ist so behaart, wenn sie mit dem Hund rausgeht, wird sie zuerst gestreichelt.

Wenn deine Mudder in eine Bank kommt, stellen sich die **_Überwachungskameras_** aus.

Deine Mudder hat **mehr Pilze** als Marioland.

Für deine Mudder ist Bratensoße ein **Erfrischungsgetränk**.

Deine Mudder hat **einen Anker** auf dem Arm.

Wenn deine Mudder furzt, klagt Al Gore sie wegen **globaler Erwärmung** an.

Um **Autoknacker** abzuhalten, muss man nur ein Foto deiner Mudder reinlegen.

Wenn deine Mudder drei Kilo abnehmen will, muss sie sich nur die **_Zähne putzen_**.

Deine Mudder **_säuft_** Lack und furzt Muster.

Bei **_deiner Mudder_** könnte vorne auch hinten sein.

Deine Mudder hat so gelbe Zähne – die **_Autos bremsen ab_**, wenn sie lächelt.

Als **_deine Mudder_** geboren wurde, musste der Arzt sich erst mal übergeben.

Regina Halmich
»Wenn ich Mutter Beimer wäre ...«

Muttertag bedeutet für mich ...
... dass ich versuche, meiner Mutter einen schönen Tag zu bescheren.

Muttertag bedeutet für meine Mutter ...
... ein Tag ohne Stress und im Kreis der Familie.

Wer meine Mutter beleidigt ...
... ist mit Sicherheit auch nicht mit mir befreundet.

Wenn ich jemanden beleidige ...
... dann muss schon was Dementsprechendes vorgefallen sein.

Mit meiner Mutter würde ich gerne mal ...
Hm, da fällt mir jetzt nichts ein. Wir sehen uns oft und da bleiben eigentlich keine Wünsche offen.

Wenn ich Mutter Beimer wäre ...
... hätte ich doch auch kein schlechtes Leben, oder?

Regina Halmich (Jahrgang 1976), gelernte Rechtsanwaltsgehilfin, war von 1995 bis zu ihrem Karriereende 2007 ungeschlagene Boxweltmeisterin. Die gebürtige Karlsruherin tritt als Co-Moderatorin und Expertin bei Boxübertragungen auf und moderiert die Kabel-Eins-Show »The biggest Loser«.

Deine Mudders Antwort auf die Finanzkrise

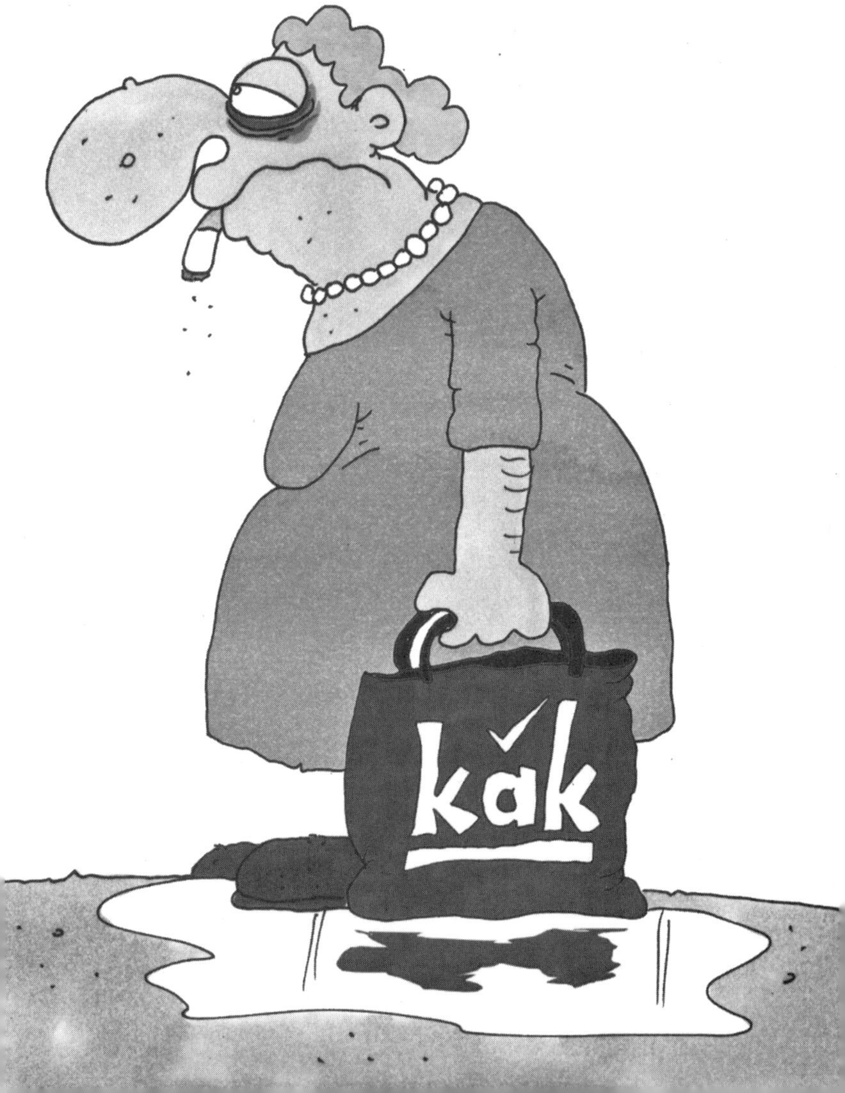
kák

Matusseks Mudderwitz:

Deine Mudder hat Schulden am Kaugummiautomaten.

Deine Mudder ist so geizig, ***die bettelt*** nach Kinderwurst an der Theke.

Deine Mudder hat **Hausverbot** im Bahnhof, weil sie den Pennern die Decken klaut.

Deine Mudder klaut **Probiersocken** bei Deichmann.

Deine Mudder geht in den Park und frisst ***den Enten*** das Brot weg.

Deine Mudder strippt vorm **Supermarkt** für ein Stück Fleischwurst.

Deine Mudder stellt sich **nackt** vor KiK und schreit: »Ich bin billiger!«

Deine Mudder sucht nach Sonderangeboten im **55-Cent-Markt**.

Deine Mudder sammelt Pfandflaschen auf dem **Hurricane-Festival**.

Deine Mudder hat **Schulden** bei Jamba.

Deine Mudder geht zu **»Wer wird Millionär?«**, um ein Glas Wasser zu trinken.

Deine Mudder hat **Schulden** im Ein-Euro-Shop.

Deine Mudder bezahlt die Miete mit **Pfandflaschen**.

Wenn deine Mudder **um den Teich** geht, schmeißen ihr die Enten Brotkrümel hinterher.

Deine Mutter hat mehr unbezahlte **Rechnungen** als Max Mustermann.

Deine Mudder **kratzt an Bäumen** nach Hartz IV.

Deine Mudder klaut **Gratis-Proben** bei Douglas.

Deine Mudder frisst Anglern die **Würmer** weg.

Deine Mudder klaut **Alufolie** im Dönerladen.

Elton

»... die Meisterschaft mit St. Pauli feiern!«

Muttertag bedeutet für mich ...
... einmal im Jahr aufzuwachen und zu denken, Mist, Muttertag vergessen, dann sofort online einen Blumenstrauß für meine Mama zu bestellen, sie direkt danach anzurufen, ihr zum Muttertag zu gratulieren und zu fragen, wie ihr die Blumen gefallen, die sie natürlich noch nicht bekommen hat, da ich sie ja erst vor fünf Minuten bestellt habe, was Mutter mir dann auch bestätigt, dann auf die Blumenlieferer zu schimpfen, Mutter auf Montag zu vertrösten, mit dem Wissen, dass sie am Dienstag die Blumen bekommt.

Muttertag bedeutet für meine Mutter ...
... einen wunderschönen Blumenstrauß am darauffolgenden Dienstag.

Wer meine Mutter beleidigt ...
... kennt sie offensichtlich nicht und muss lebensmüde sein, sich mit ihr anzulegen.

Wenn ich jemanden beleidige, dann ...
... ist was schiefgelaufen, das versuche ich nämlich stets zu vermeiden. Wenn's doch mal passiert, nimmt das aber ja zum Glück keiner so richtig ernst.

Mit meiner Mutter würde ich gerne mal ...
... die Meisterschaft mit St. Pauli feiern. Wenn sie da nicht kann, zur Not auch ohne sie.

Wenn ich Mutter Beimer wäre ...
würde ich versuchen, die Rolle so gut wie möglich zu verkörpern. Dennoch würde ich stark an der Zurechnungsfähigkeit der Lindenstraßen-Verantwortlichen zweifeln, wie wahrscheinlich jeder, der mich schon mal in Frauenkleidern gesehen hat.

Warst du ein Muttersöhnchen?
Ich? Ein Muttersöhnchen? Quatsch! Und wenn das einer behauptet, dann geh ich zu meiner Mama!

Was bedeutet deine Mutter für dich?
Meine Mutter ist die Beste! Und das sage ich nicht nur, weil ich das hier gefragt wurde, sondern auch, weil sie das hier vielleicht lesen wird.

Was hast du mit der Muttermilch aufgesogen?
Eine interessante Frage. Ich hab das für Sie mal detailliert aufgeführt:
Inhaltsstoffe/100 ml

Wasser	87,2 %
Kohlenhydrate	7,0 %
Fett	4,0 %
Eiweiß	1,5 %
Spurenelemente	0,3 %
Kalium [mg]	47
Natrium [mg]	14
Calcium [mg]	33
Magnesium [mg]	3
Eisen [µg]	58
Phosphor [mg]	15

Wie findest du Deine-Mudder-Sprüche?
Doof.

Welches ist dein Lieblings-Deine-Mudder-Spruch?
Hab keinen.

Elton (Jahrgang 1971), mit bürgerlichem Namen Alexander Duszat, absolvierte eine Ausbildung zum Radio- und Fernsehtechniker. Er tritt als Fernsehmoderator eigener Sendungen und als Show-Praktikant in »TV total« auf. Seit 2010 moderiert er die ZDF-Kinderspielshow »1, 2 oder 3«.

Was von deiner Mudder bleibt

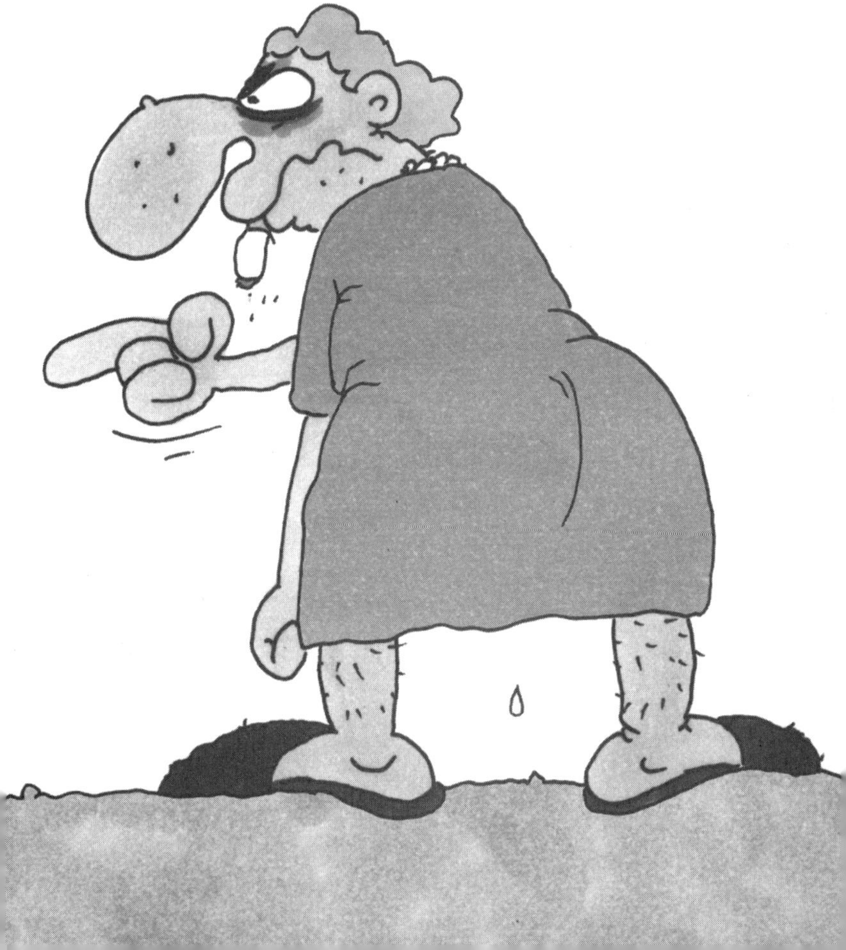

Matusseks Mudderwitz:

Deine Mudder ist so alt, die hat Jesus' Handynummer.

Wenn deine Mudder furzt, sagt
dein Vater »Gesundheit!«

Deine Mudder ist wie Milch vom
Bauern: Hoher Fettanteil, aber der Preis
sinkt.

Der **_Lebensgefährte_** deiner Mudder
heißt Johnny Walker.

Deine Mudder ist wie die **_Essiggurke_**
auf dem Hamburger, überall ist sie dabei, aber keiner will sie.

Deine Mudder ist der Grund für
Delfintherapien.

Deine Mudder fällt unter die **_Maulkorbpflicht._**

Als deine Mudder hinfiel, schuf sie den **_Grand Canyon_**.

Deine Mudder ist so unbeliebt, nicht mal der **_Skype-Testanruf_** redet mit ihr.

Vor deiner Mudder hat sogar **_Chuck Norris_** Respekt.

Wenn die Welt eines Tages **untergeht**, können alle Menschen auf deiner Mudder weiterleben.

Deine Mudder hat **_Hausverbot_** beim »Fressnapf«.

Deine Mudder **_ist so alt_**, dass ihr Geburtstag schon abgelaufen ist.

Deine Mudder ist wie das **_weiße Einhorn_** – das Allerletzte.

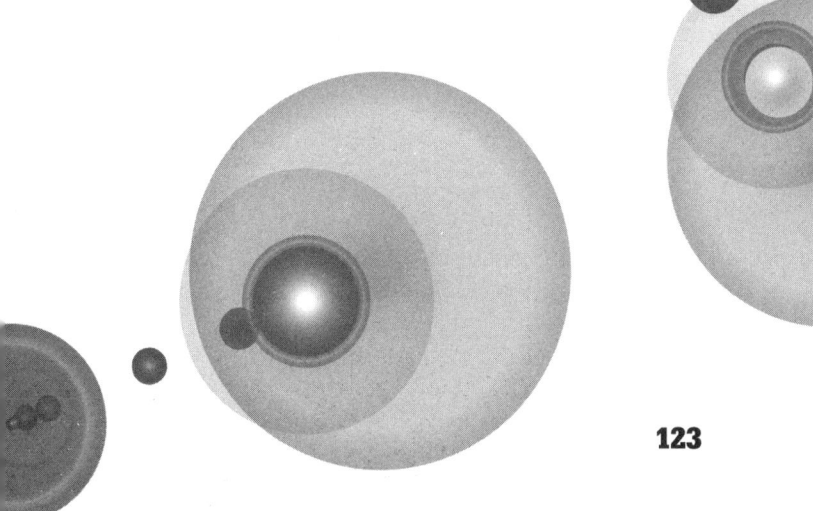

»Vaterwitze funktionieren nach demselben Schema wie Mutterwitze«

Interview mit
Prof. Heike Wiese

Frau Wiese, ich habe gehört, dass es auch in der Witzkultur eine Art Gleichberechtigung gibt?
Das kann man so sagen. Es gibt nämlich nicht nur Sprüche über Mütter, sondern auch über Väter.

Woher kommen diese?
Im Arabischen gibt es etwa Beleidigungen, die sich auf den Vater des Gegenüber beziehen.

Worin besteht die Provokation?
Man sagt dann beispielsweise so was wie »Dein Vater ist ein Hund« / »Dein Vater ist ein Esel«. Daraus hat sich eine Abkürzung entwickelt: »abu«, das arabische Wort für »Vater« kann stellvertretend für diese Beleidigungen stehen.

Das klingt ähnlich fies wie die Witze über »Deine Mudder«.
Ja, diese Witze funktionieren nach demselben Schema. Aber wissen Sie, was das Interessante daran ist?

Eigentlich stelle ich hier die Fragen, aber Sie machen mich grad extrem neugierig.
Ich wohne in Kreuzberg, ein Wohngebiet, in dem viele Jugendliche neben Deutsch noch andere Sprachen sprechen, beispielsweise Türkisch, Kurdisch oder auch Arabisch. Das Spannende ist, dass »abu« übergreifend von allen Jugendlichen verwendet wird, also auch von Jugendlichen, die überhaupt kein Arabisch können.

Ohne die Sprache zu können? Wie geht das?
Die Jugendlichen entwickeln ihren eigenen Dialekt, Kiezdeutsch, der ganz unabhängig von der Herkunft (arabisch, türkisch, deutsch …) gesprochen wird und in dem neue Fremdwörter aus unterschiedlichen Sprachen benutzt werden. Das ist so wie bei anderen Fremdwörtern auch; man kann ja etwa auch ein Wort wie »Jalousie« benutzen, ohne Französisch zu können. Mit Kiezdeutsch entwickelt sich ein neuer, dynamischer Dialekt des Deutschen.

Von alledem bekommt man wenig mit. Wie lange geht das denn schon so?
Es ist nicht ganz klar, wie lange es Kiezdeutsch schon

gibt. Vermutlich spätestens seit den Neunzigern. Die Jugendlichen sprechen Kiezdeutsch, wenn sie untereinander sind. Wenn wir dazukommen, reden sie eher Standarddeutsch.

Klingt alles so, als sei dieser Dialekt etwas Positives.
Mit Sicherheit. Wir haben hier einen neuen Dialekt im Deutschen, der genauso bunt und interessant ist wie andere Dialekte auch. Kiezdeutsch ist zugleich Teil der Jugendkultur in multiethnischen Vierteln. Wie in Jugendsprache generell, verarbeiten die Jugendlichen mit ihrer eigenen Sprache alles, was sie bewegt, dazu gehören immer auch Themen wie Sex und Tabubrüche.
Und ganz nebenbei entsteht eine neue Sprache ...
Prof. Wiese: Eben. Kiezdeutsch ist eine sehr positive Entwicklung. Oft sterben Dialekte aus, hier haben wir den Fall, dass sich ein neuer deutscher Dialekt entwickelt.

Heike Wiese (Jahrgang 1966) ist Professorin für Deutsche Sprache der Gegenwart und Sprecherin des Zentrums »Sprache, Variation und Migration« an der Universität Potsdam. Einer ihrer Interessenschwerpunkte ist der Sprachgebrauch in multiethnischen urbanen Wohngebieten wie Berlin-Kreuzberg, den sie in mehreren Forschungsprojekten zu Kiezdeutsch untersucht. Sie betreut das Infoportal www.kiezdeutsch.de, das Ergebnisse für Interessierte zusammenfasst und auch Handreichungen für Lehrer/innen enthält. Dieses Jahr erscheint ein Buch zu Kiezdeutsch von ihr im C. H. Beck-Verlag.

Julia Rateike
»Deine Mudder liest dies Buch ...«

Muttertag bedeutet für mich ...
... ein schlechtes Gewissen zu haben. Man sollte seiner Mutter viel häufiger zeigen, was sie einem bedeutet.

Muttertag bedeutet für meine Mutter ...
Stress: aufdecken, kochen, abdecken, abwaschen ...

Wer meine Mutter beleidigt ...
... ist wie das weiße Einhorn – das Allerletzte.

Wenn ich jemanden beleidige, dann ...
spricht das Teufelchen in mir. Das übernimmt zum Glück nur äußerst selten die Regie, und meist ist die beleidigte Person auch gar nicht (mehr) im Raum.

Mit meiner Mutter würde ich gerne mal ...
... wieder den ganzen Tag auf ihre Kosten shoppen gehen.

Wenn ich Mutter Beimer wäre ...
... hätte meine Familie jeden Sonntagabend was von mir.

Ob ich ein Muttertöchterchen war?
Nö ...

Was ich mit der Muttermilch aufgesogen habe?
Harmoniebedürfnis.

Wie ich Deine-Mudder-Sprüche finde?
;-)

Mein Lieblings-Deine-Mudder-Spruch:
Deine Mudder liest dies Buch und nickt.

Julia Rateike (Jahrgang 1980), in Reinbek geboren und in Geesthacht aufgewachsen. Nach dem Abitur Ausbildung zur Verlagskauffrau und anschließend Arbeit im Anzeigenmarketing für verschiedene Verlage. Lebt in Hamburg und arbeitet seit 2008 bei SPIEGEL ONLINE im Redaktionsmanagement.